Aquest llibre pertany a ....

Persona que me l'ha regalat
(o lloc on l'he comprat) ....

Data ....

Direcció d'art: Departament de Disseny GE
Disseny gràfic de la coberta: La cuina gràfica

Primera edició: setembre de 2015
© De les cançons: Lídia Serra
© De les il·lustracions: Montse Ginesta
© D'aquesta edició: Baula, 2015
ISBN: 978-84-479-3040-1
DL B 18267-2015

Edelvives Talleres Gráficos (50012 Saragossa)
Certificat ISO 9001
Printed in Spain

Tots els drets reservats. Qualsevol forma de reproducció, distribució, comunicació pública o transformació d'aquesta obra només pot ser feta amb l'autorització dels seus titulars, llevat d'excepcions previstes per la llei. Adreceu-vos a CEDRO (Centro Español de Derechos Reprográficos) si necessiteu fotocopiar o escanejar algun fragment d'aquesta obra (www.conlicencia.com; 91 702 19 70 / 93 272 04 47).

COL·LECCIÓ
CANTEM

LA TERRA ÉS CASA MEVA

Cançons per al cor i la ment

Lídia Serra López
Il·lustració Montse Ginesta

BAULA

PRESENTACIÓ

LES CANÇONS D'EL IOGA EDUCA

La música té un potencial pedagògic extraordinari en l'educació d'infants i joves.

Les cançons amb missatge constructiu i creatiu són una eina educativa molt valuosa i els seus beneficis són múltiples:

> Connecten el cos amb les emocions i la ment.
> Acompanyen el procés de construcció de la pròpia identitat.
> Equilibren el sistema nerviós.
> Afavoreixen la secreció d'endorfines.
> Estimulen les connexions entre els dos hemisferis cerebrals.
> Preparen un ambient adequat per als aprenentatges.

Segurament molta gent desconeix que cantar cançons és una pràctica del *Bhakti yoga*, el ioga del cor, que es realitza a través del cant de *kirtans*, els quals fan referència a les qualitats del cor i de la ment.

Mentre cantem *kirtans* que parlen de les potencialitats que són a dins nostre, com l'harmonia, la pau, el respecte, la intel·ligència, el coratge o l'empatia, el nostre cor i la nostra ment s'obren i aquestes qualitats emergeixen per manifestar-se en nosaltres i en el nostre entorn.

En incorporar la cançó amb missatge constructiu i creatiu cantada com a *kirtan* a la vida quotidiana, es fa una pràctica de *Bhakti yoga* que afavoreix l'educació del cor i de la ment.

En aquest CD us oferim una proposta de cançons que es poden cantar en família, a l'escola o en qualsevol espai educatiu. Hi trobareu el poder de les qualitats del cor i de la ment a través de la paraula, la vibració transformadora de la música, l'estructuració del ritme i el potencial curatiu de la veu.

Tot cantant aquestes cançons en grup, ballant-les, tocant-les i entregant-nos a la seva energia podem viure l'experiència del *Bhakti yoga* i l'educació del cor. Si més no, segur que gaudireu escoltant-les.

Lídia Serra

La Terra és casa meva

La Terra és casa meva,
el mar el meu jardí,
l'aire és qui m'alimenta,
l'oceà és el meu amic.

Jo visc en aquest món,
l'estimo i el respecto,
la vida del planeta
som jo i el meu
      entorn.

Sóc la Lluna, sóc el Sol

Sóc la Lluna, sóc el Sol,
sóc la llum que hi ha en el meu cor.

Quan la llum a mi em desperta,
sempre, sempre estic alerta.

Les cinc puntes de l'estrella

Les cinc puntes de l'estrella
brillen, brillen resplendents:
en el meu cor, en el meu cap
i en les meves mans.

La marieta

Vés-te'n d'aquí,
marieta juganera.
Vés-te'n d'aquí,
que m'estàs fent patir!

Joc de recorregut en què l'adult va posant una marieta per diferents parts del cos de l'infant mentre canta la cançó.

Volo, sóc la papallona

Volo, sóc la papallona,
volo, volo fins al cel.
Capoll era fa una estona
i ara brillo amb gran
  anhel.

L'arc de Sant Martí

L'arc de Sant Martí,
la pluja, la pluja.
L'arc de Sant Martí,
la pluja és aquí.

L'estisoreta

Pim, pam, conillam,
de la terra de l'aram,
cistellera, ballestera,
quantes banyes hi ha al darrere?
Què és això?

Col·loquem l'infant de bocaterrosa a la falda de l'adult. Aquest porta el ritme de la cançó tot picant de mans. Quan es fa la pregunta, l'infant ha d'endevinar quin dels tres gestos fa l'adult a la seva esquena: un toc de dits a l'esquena de l'infant com si fossin puces; o bé es fa la serra amb les mans, o bé es fan pessiguets que representen l'estisoreta.

Cançó dels dits

El dit gros, el dit gros,
com estàs, com estàs?
Jo vinc a saludar-te,
jo vinc a saludar-te.
Jo també, jo també.

Dos grans globus

Jo tinc dos grans globus
que s'inflen molt plens,
també es desinflen
i van de la terra al cel.

Jo tinc l'anhel
de poder volar
ben enlaire,
Jo tinc l'anhel
de poder volar
fins al cel.

Cor, cap i mans

Jo sóc, jo sóc cor, cap i mans,
un cor que abraça i creix respectant.

Jo sóc, jo sóc cor, cap i mans,
un cap que pensa i creix estimant.

Jo sóc, jo sóc cor, cap i mans,
mans que acaronen i creixen cantant.

Pas a pas

Una llum ens mostra
el camí a seguir cap amunt.
Amb esforç caminem cap al cim.
Pas a pas descobrim
un món d'il·lusions i plegats
construïm lligams i amistats.

Tres acords que donen color
a la quietud d'aquest bosc,
com el foc que escalfa els nostres cors.
Respirant sentim el plaer
de gaudir cada instant
i les veus s'escampen volant.

I fer el camí junts
ens portarà molt més lluny
sota aquest cel tot ple d'estels
que abriga la lluna
com si fos un vel.

Dalt del cim, els genolls pelats
i els jerseis descosits
donen fe de com ens hem curtit.
Terra enllà es divisa el mar
i el moment d'arribar,
però de nou tot torna a començar.

I fer el camí junts
ens portarà molt més lluny,
fins a encendre les estrelles
i molt més amunt.

Sent conscients del que tenim
i ens ha estat donat,
doncs aprendre a compartir
és el millor regal.
Sempre se'm fa tot molt més senzill
si jo hi sóc per tu i tu ets aquí per mi.

LA TERRA ÉS CASA MEVA

SÓC LA LLUNA, SÓC EL SOL

LES CINC PUNTES DE L'ESTRELLA

LA MARIETA

VOLO, SÓC LA PAPALLONA

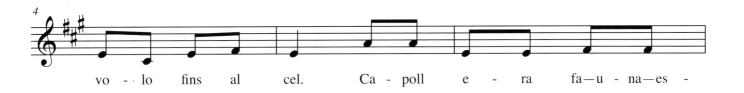
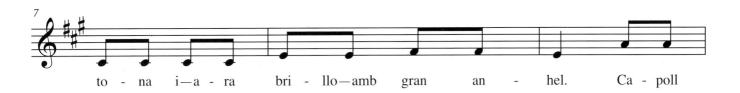
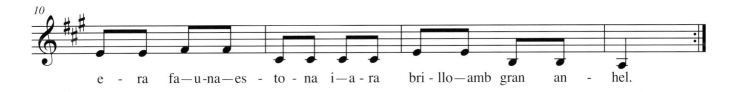

L'ARC DE SANT MARTÍ

L'ESTISORETA

(les puces)
(la serra)
(l'estisoreta)

CANÇÓ DELS DITS

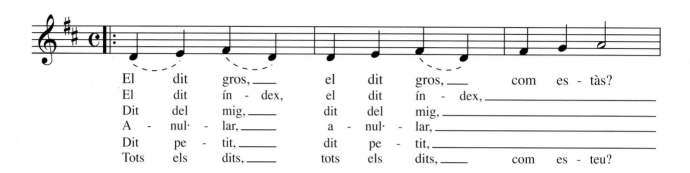

El dit gros,____ el dit gros,____ com es - tàs?
El dit ín - dex, el dit ín - dex,____
Dit del mig,____ dit del mig,____
A - nul - lar,____ a - nul - lar,____
Dit pe - tit,____ dit pe - tit,____
Tots els dits,____ tots els dits,____ com es - teu?

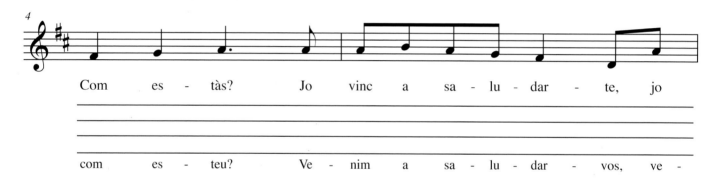

Com es - tàs? Jo vinc a sa - lu - dar - te, jo
com es - teu? Ve - nim a sa - lu - dar - vos, ve -

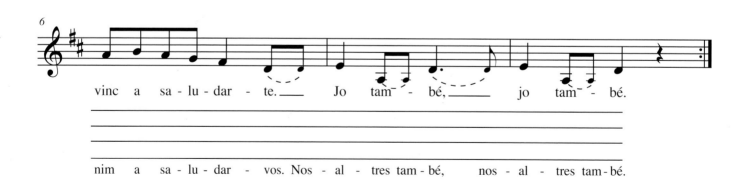

vinc a sa - lu - dar - te.____ Jo tam - bé,____ jo tam - bé.
nim a sa - lu - dar - vos. Nos - al - tres tam - bé, nos - al - tres tam - bé.

DOS GRANS GLOBUS

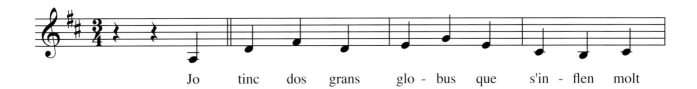

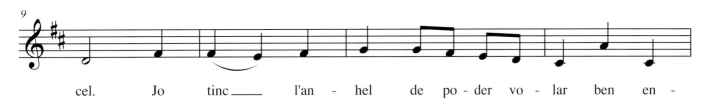

COR, CAP I MANS

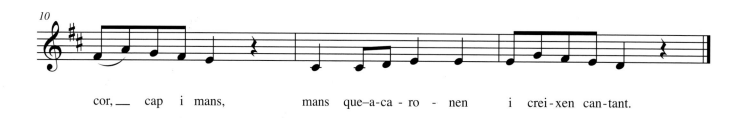

PAS A PAS

ÍNDEX

La Terra és casa meva	8
Sóc la Lluna, sóc el Sol	9
Les cinc puntes de l'estrella	10
La marieta	11
Volo, sóc la papallona	12
L'arc de Sant Martí	13
L'estisoreta	14
Cançó dels dits	15
Dos grans globus	16
Cor, cap i mans	17
Pas a pas	18
Partitures	22

DADES DE LES CANÇONS

La Terra és casa meva
Música i lletra: Lídia Serra López

Sóc la Lluna, sóc el Sol
Música popular
Lletra: Lídia Serra López

Les cinc puntes de l'estrella
Música popular
Lletra: Lídia Serra López

La marieta
Popular

Volo, sóc la papallona
Música i lletra: Lídia Serra López

L'arc de Sant Martí
Popular

L'estisoreta
Popular

Cançó dels dits
Popular

Dos grans globus
Música: Francesc Vila
Lletra: Lídia Serra López

Cor, cap i mans
Música i lletra: Lídia Serra López

Pas a pas
Música: Carles Ladrón de Guevara, *Charlie*
Lletra: Anna Rovira, Andreu Sala

DADES DEL CD

Instrumentació: **Juanjo Muñoz**
Veus: **Anna Rovira Serra** i **Maria Ribot Farrés**
Gravat, mesclat i masteritzat a Catmastering per **Juanjo Muñoz**